जीवन का पथ

कोमल रचना

BookLeaf Publishing
India | USA | UK

Made with ❤ on the BookLeaf Publishing Platform
www.bookleafpub.in
www.bookleafpub.com

Dedication

समर्पण

माँ-पापा के चरणों में,

जिनकी निःशब्द प्रार्थनाओं ने मुझे हर मोड़ पर संभाला,
और जिनकी नज़रों में हमेशा वह भरोसा था,
जो मैंने कई बार खुद में भी नहीं देखा।
इस पुस्तक में जो कुछ भी अच्छा है,
वो उनके संस्कारों की देन है।
जो अधूरा है,
वो मेरी अब भी चलती हुई यात्रा का हिस्सा है।

Preface

प्रस्तावना

मैं" – यह शब्द जितना छोटा है, उतना ही गहरा भी।
यह कविता-संग्रह मेरे उसी "मैं" की यात्रा है – एक ऐसा सफर जो मेरे भीतर से शुरू हुआ था और मैने उसे शब्दों के रास्ते बाहर लाने का प्रयास किया है। इस किताब की हर कविता मेरे अनुभवों, सवालों, भावनाओं और उन खामोश लम्हों की अभिव्यक्ति है ।

कभी ये पंक्तियाँ आत्म-स्वीकार की आवाज़ हैं, कभी खोए हुए हिस्सों की तलाश, तो कभी बस एक संवाद – मुझसे, मेरे 'अंदर से।
यह कविता सतही तौर पर कुछ कविताओं का संग्रह लगेगी ,लेकिन मेरे लिए ये आत्मप्रतिबिम्ब है। एक दर्पण जिसमें मैं खुद को देखती हूँ , पहचानती हूँ और कई सारे सवाल करती हूँ। यह संग्रह उन सभी के लिए है जो अबतक अपने "खुद" से मिलने की कोशिश कर रहे हैं।
इसलिए इन कविताओं में अगर आपको कहीं अपना अक्स थोड़ा भी दिखे तो समझिये मेरी कविता आप तक पहुँच गयी और मेरी कविताई को मुक़ाम मिला।

Acknowledgements

आभार

इस कविता-संग्रह को पूर्ण रूप देना मेरे लिए एक भावनात्मक यात्रा रही है। इस यात्रा में कई ऐसे लोग, लम्हे और अनुभव रहे जिनसे मेरी सोच को शब्द मिले मेरी भावनाओं को अभिव्यक्ति।

सबसे पहले मैं **अपने माता-पिता** का हृदय से आभार व्यक्त करती हूँ, जिनके प्रेम, संस्कार और समर्थन ने मुझे हर कदम पर संबल दिया। मैं उन सभी **मित्रों और पाठकों** का भी धन्यवाद करती हूँ जिन्होंने मेरे लिखे शब्दों को पढ़ा और सराहा।

उन परिस्थितियों और संघर्षों के प्रति भी मेरा आभार है,
जिन्होंने मुझे भीतर से झकझोरा, और अंततः मुझे अपनी भावनाओं को कविता के रूप में ढालने का साहस दिया।
अंत में, मैं स्वयं का भी धन्यवाद करती हूँ – कि मैंने कभी हार नहीं मानी, और अपनी संवेदनाओं को कलम से बहने दिया।

यह संग्रह सिर्फ मेरा नहीं,
उन सबका है जो मेरी भावनाओं में कहीं न कहीं शामिल रहे।

सादर,
– [कोमल रचना]

क्या करना है ?

कुछ अलसाई,मुरझाई सी
इक राह खोजती रहती है
पग पग थकती , पग पग रुकती
फिर चलते चलते खुद में ही
अस्तित्वहीन सी लगती है।
स्वर एक गूंजता है केवल -
कुछ करना है!
क्या करना है?
कुछ पल को चिंतित हो जाती
फिर देख देख कर इर्द गिर्द
वह खुद को सबल बनाती है।
जब जब कुहरा छा जाता है ,
आतप में समाता जाता है।
स्वर वही गूंजता है तब भी -
कुछ करना है !
क्या करना है ?

जीवन की उलझी राहों में
जितने भी कंटक आएंगे
पग पग पर लहू बहाएंगे।

ये कंटक सभी हटाने हैं ,
रस्ते भी नए बनाने हैं
उससे आगे ? फिर वही टेक-
कुछ करना है !
क्या करना है?
बस, ज़रा ठहर कर सोच सोच
आलस प्रमाद को छोड़ छोड़
साहस को श्रम से जोड़ जोड
सबसे पहले अपने अंदर
इक सच्चा इंसां बनना
उसके आगे ? फिर वही प्रश्न
कुछ करना है !
क्या करना है?

सेतु

मैं सेतु, सहज आसान नहीं
मुझसा होना आसान नहीं,
मेरे अंतस् की सुने कौन !
मैं सेतु, खड़ा जाने कबसे
ज्यों एक तपस्वी कठिन व्रती
दो तटों बीच हो अड़ा मौन ।
यह निडर नदी जो बहती थी
पहले से ही धारा प्रवाह
अब मेरे चरणों को छूकर
आगे चल पड़ती और प्रखर।
उसकी गति, उसकी दिशा देख
मेरा मन जाता और निखर ।
पर मेरी गति को सुने कौन !
मेरे अंतस् की सुने कौन !
जो राह पड़े थे अलग थलग
वह मुझसे जुड़कर धन्य हुए ।
राही-बटोहियों के सुख से
मेरे भी सौख्य अनन्य हुए ।
हल्के वाहन, भारी वाहन
सब वाहन मुझे वहन्य हुए ।

मैं सबके भार उठा लेता
पर मेरी पीड़ा सुने कौन !
मेरे अंतस् की सुने कौन !
मेरा व्रत नियमों का पालन
सबके कुछ नियम-निषेध बने ।
कुछ तो वाहन परिचालन के
कुछ पैदल के, पशुचारन के ।
इन नियमों के उल्लंघन से
मेरे तन लगती गहन चोट ।
मेरे मन में कितनी कचोट !
पर यह सब मुझसे कहे कौन !
मेरे अंतस् की सुने कौन !
दायित्व मेरा आसान नहीं ,
क्या सोचा मेरे बारे में ??
मैं निश्चल हूँ पर व्यर्थ नहीं।
राही, तुमको मुझपर चलकर ,
मिल जाती है अपनी मंज़िल।
मैं शिथिल पड़ा रह जाता हूँ ,
आसान नहीं ,ये है मुश्किल
इस बोझिल मन की सुने कौन !
मेरे अंतस् की सुने कौन !!

मंज़िल

मंज़िल हो अति दूर
पहुँचना मुश्क़िल हो,
कम्पित होता हृदय
व चलना मुश्क़िल हो,
थम-थम कर धीरे - धीरे
बढ़ना तो होगा।
सरल नहीं हो फिर भी
श्रम करना तो होगा।
असंभाव्य को भी सम्भव करना तो होगा।
अथक परिश्रम करके ही थकना तो होगा।
लोगों का जंजाल जाल-सा बुना हुआ है ,
इसी जाल में शामिल होने की स्पर्धा है,
उनमें भी आगे आगे बढ़ना तो होगा।
जितना भी हो कष्ट सहन करना तो होगा ।
इन खटमिट्ठी यादों में कुछ राहत होगी ,
मंज़िल पाकर नई मिली कुछ ताक़त होगी,
इस ताक़त से नया लक्ष्य गढ़ना तो होगा ।
उसको पाने को फिर से बढ़ना तो होगा।

मौन

कभी तो मौन रह कर ही बहुत कुछ बोल जाते हैं ।
कभी तो शब्द अपने भाव तक दम तोड़ जाते हैं ।
वही ठहराव मन की उलझनें बयां कर जाता
किसी के दर्द के किस्से जहां वाले सुनाते हैं ।
कभी सागर-सी गहरी दिल की सूनी वादियां लगतीं
कभी आंखों के आंसू भी समंदर को समाते हैं ।
कभी जो शांति का बोध तुमको सन्न कर जाए
समझना मौन के माने मुखर हो जीत जाते हैं ।।

जीवन का पथ

जीवन का पथ जितना लम्बा
उतना ही है संकरा
डगमग हुए तनिक भी पग
तो समझो सबकुछ बिगड़ा
कदम कदम पर कसौटियों पर
कसने वाले अवसर ,
कुंदन वही निखरता
जो तपने को रहता तत्पर
हम रही हैं,
पथ पर चलने में हमको डर कैसा?
जंगल हमको मंगल जैसा ,
सारा जग घर जैसा
कुपथ-सुपथ रथ दौड़ाकर
हम पंथ नया गढ़ते हैं
अपनी बाधाओं से ऐसे
प्रतिपल हम लड़ते हैं
उच्च शिखर पर चढ़कर
हम इतने खुश हो जाते हैं ,
हँसते भी हैं ,
फिर भी अपने नैन छलक जाते हैं।।

नव जीवन सफल बनाया

तुम शिशु रक्षक, पालनकर्ता ,
तुम सौम्य, जीव के हो भर्ता,
इन नवल अबल हाथों को
बल देकर सबल बनाया ।
नव जीवन को सहलाया।
नैनों को भी तो तुमने ही
जग को देखना सिखाया ।
तुमने इनके पग को मग में
दृढ़ डग भरना सिखलाया ।
नव जीवन को दुलराया ।
तुम ही हो जिसने इनको
करुणा का भाव सिखाया ।
दुख के क्षण तुमने इनको
सुख का संदेश सुनाया ।
नव जीवन को हर्षाया ।
तुमने ही इनमें दया और
करुणा का बोध जगाया ।
इनको चैतन्य बनाया
न्याय विवेक बताया ।
नव जीवन धन्य बनाया ।

हाँ, शिशु ने सब स्वीकार किया
अपने में अंगीकार किया ।
जग का अँधियारा हरने को
दीपक की द्युति बन वार किया ।
फिर सुन्दर जगत बनाने को
संकल्प नया दुहराया ।
नव जीवन सफल बनाया।

यश

माना कि,
कामयाबी की जद्दोजहद में
बहुत कठिन है जीत को कायम रखना..
हाँ, चलो माना कि
तुम्हे भी है दुनिया के सामने अपना औचित्य सिद्ध करना,
प्रमाणित करना है अपने अस्तित्व को,
तो क्या प्रवाहित कर दोगे स्वयं को
इस कलुषित हिल्लोल में ?
कहीं तुम बालबुद्धि तो नहीं?
मालूम है?
लोहे को कोई और नहीं,
नष्ट कर देता है उसका अपना जंग।
कहीं तुम्हारी तथाकथित प्रसिद्धि उसी जंग की परत तो नहीं ??
सुनो,
ज़िन्दगी की भाग दौड़ में,
ज़रुरी है ठहरना,
ज़रुरी है सजग रहना,
सार्थक बने रहना,
अपने अभ्यंतर में सत्य का दीपक
जलाए रखना,

तभी तुम्हारा यश चिरस्थाई होगा।

बेटी को जन्मदिन की शुभकामना

जब कलियाँ खिलतीं गुलशन में
कुदरत में ख़ुशी छा जाती है ।
इस बगिया की तुम नव कलिका
नित मंद मंद मुसुकाती हो ।
जब हवा तुम्हें सहसा छू कर
अपनी कुछ तान सुनाती है ।
तुम सिहर लाज से अपने में
कुछ सिमट सिमट सी जाती हो ।
तुम जैसी कलिका हो प्यारी
वैसी ही बन कर के रहना ।
चाहे जितना हो कठिन समय
साहस का दामन मत खोना ।
तुम यूँ ही हरदम खिलकर के
गुलशन को महकाती रहना ।
ख़ुश रहो सदा तुम कदम कदम
हे प्रभु पुकार मेरी सुनना।

जागो

गर छूना चाहता है तू आसमां
तो कर मशक्कत होकर जवां
स्वप्न के समुंदर में डुबकी लगा रहा तू
है हकीकत जो,क्या वह जानता है तू ?
जाग अब तो जाग ग़र करना हो कुछ अलग
देख,तेरी माँ रो रही बिलख- बिलख
सुन, तेरा देश जो था कभी सोने की चिड़िया
आज मानवता बनी वहाँ माटी की गुड़िया
जिसने पढ़ाया अहिंसा व सत्य का पाठ,
आह! वहीं व्याप्त है आतंकवाद ।
स्वप्न तेरा निरा जल था, जिसकी बह रही थी धारा
किंतु तेरा लुट गया सब, बह गया है प्रेम सारा ।
अब तो उठ जा ,
कर ले अपने स्वप्न को साकार ,
तुझे सफलता मिले बेशुमार
लज्जित हो देखकर जिसे दुश्मन का अहंकार ।।

चलो फिर लौट चलते हैं

चलो फिर लौट चलते हैं
उन्हीं बचपन की गलियों में ,
तितलियों संग फूलों में
उन्हीं बारिश में, झूलों में ।

जहाँ उगता था सूरज उषा की
किरणों से समलंकृत ,
जहाँ हर दिन था नूतन
और था उत्साह से झंकृत ।

जहाँ बादल चले आते थे
अपने संग ले जाने,
हवाओं में बुलाते
आसमां की सैर करवाने ।

जहाँ हमने हँसना सीखा
ज़िन्दगी को जीना सीखा,
जहाँ था कभी न कोई छल
हमारे मन कोमल निर्मल ।

जहाँ दुख का न दिखा साया
न चिंता की कोई छाया,
जहाँ हमने जब जी चाहा
नया इक सपना सजाया ।

उन्हीं बचपन की गलियों में
चलो फिर लौट चलते हैं ,
उन्हीं बचपन की गलियों में
ज़रा हँसते मचलते हैं ।

उन्हीं बचपन की गलियों में
चलो चुपचाप सुनते हैं ,
कोई आवाज़ पहचानी
चलो इक ख़्वाब बुनते हैं ।
उन्हीं बचपन की गलियों में ...

माँ का जन्मदिन

यह दिन हर दिन से सुन्दर है
अति मंगल है ,शुभ पावन है
भू संग गगन आनन्दित है
पुष्पों की वर्षा अगणित है
इस दिन खुशहाली छाई थी
सृष्टि में जब तुम आई थी
फिर दिवस ,महीने बरस गये
तुमने भी तप ,संघर्ष किये
नित नित जीवन की कसौटियों पर
अव्वल ही अव्वल आई हो
तुम करुणा की इक प्रतिमा हो
ममता में तुम ही समाई हो
जीवन है रण, यह पाठ हमें
तुमने अनुभव से सिखलाया है
हमें पीड़ा का आभास नही
ममता की यह जो छाया है !!
तुम प्रेरणा में ,प्रार्थना में ,
साधना में रहती हो
मेरे ह्रिदय के कण- कण में ,
अराधना में रहती हो

आशीष तुम्हारा छाँव बने
और सदा हमारे संग रहे
तुम जैसी माँ से यह वसुधा
प्रसन्न रहे ,परिपूर्ण रहे ।।

वह डरती है

वह अक्सर डरती है
लोगों से मिलने में
कई चेहरे हैं लोगों के
सबके अलग राज़ हैं गहरे
लुभावने आकर्षण में लिपटा
कपटजाल भेद नहीं पाती
वह सिमटी-सी स्वयं को बचाती।
वह डरती है
अक्सर रास्तों पर चलने से
मुसाफ़िरों पर उसे ऐतबार नहीं
आगे बढ़ने की होड़ में
ख़ुद के घायल होने से डरती है ।
ग़लत नहीं है डरना
डरने से वह सजग होती है
और स्वावलम्बित रहती है।
ग़लत नहीं है डरना
डरती है
तभी संभल कर आगे चलती है ।

अन्तर्ज्ञान

हुआ सहसा यह अन्तर्ज्ञान
कि जिससे मैं अबतक अनजान ।
सामने सिंधु उमड़ता एक
किन्तु तट पर लहरों की टेक ।
नीरनिधि में जितना आक्रोश
किनारा उतना ही खामोश।
उमड़ता रहा हृदय में ज्वार
किन्तु मुख पर शान्ति का प्रसार ।
अरे ! जो भीतर दिखती रार
वही तो बाहर भी साकार ।
शक्ति वह मिथ्या लगती किसे
न समझे कोई मतिभ्रम इसे ।
अपरिमित ऊर्जा से भरपूर
सहज वह दिव्य विराट स्वरूप ।
कि जिसमें धाराएँ आतीं
समाहित हो कर सुख पातीं ।
भला इनको काहे का दंभ
सीख देते प्रकाश का स्तंभ ।
बोध यह सहज हुआ उपलब्ध
शक्ति मेरे भीतर सन्नद्ध ।

अभी जो तट पर ठहरा शांत
हमारा ही साहस उद्भ्रांत ।
अभी जो उठा त्वरा से जाग
भय के सब भूत पड़ेंगे भाग ।
स्वयं पर मुझे हँसी आयी
तभी आँखें भी भर आयीं ।
स्वयं पर करे न कोई मान
हुआ मुझको यह अन्तर्ज्ञान ।
हुआ सहसा जो अन्तर्ज्ञान
कि जिससे थी अबतक अनजान।

पाँच तत्व का पुतला प्राणी

पाँच तत्व का पुतला प्राणी
क्षण क्षण पर मुस्काता है
पीर घनेरी होती है तो
अँधियारा छा जाता है
खिले पुष्प के दर्शन करके
चकित भ्रमित हो जाता है
सुंदरता को देख देखकर
उल्लासित मन गाता है
पाँच तत्व का पुतला प्राणी
क्षण क्षण पर मुस्काता है

संझा के जब पुष्प देखता
विस्मित होता जाता है
उल्लासित जो मुख था उसका
पल भर में मुरझाता है
उस पुतले के भीतर जब
दुख काँटा-सा चुभ जाता है
व्यथा और वेदना विकल वह
खुद में घिरता जाता है।

धीरे धीरे रोग शोक
उसके संगी बन जाते हैं
फिर जाने कब मुस्काता है
जाने कब कुम्हलाता है ।

जीवन की यह रीत निराली
जो आता है जाता है
राग , द्वेष, सुख, दुख,यश,अपयश
यहीं धरा रह जाता है ।

एक दिवस सबको बिसार
चिर निद्रा में सो जाता है
पांच तत्व का पुतला प्राणी
" पांच तत्व " हो जाता है ।

कश्ती

छोटी सी कश्ती प्रेम भरी
हिलती डुलती थोड़ी मचली
फिर लचक लचक लहरों से लड़ी
कुछ झुकती उठती जाती थी
जब बीच भँवर में पहुंची तो
कुछ बलखाई सी सहम गयी
आती लहरों का वेग देख
वह किंकर्तव्यविमूढ़ हुई
विनती करती उन लहरों से
आशा करती नौकाओं का
सम्मुख जीवन का अंत देख
सुध बुध अपनी सब हार गई
सह सकी लहर का वेग नहीं
हिल्लोल उमड़ती देख नयी
हो गया भंग फिर अंग अंग
फिर प्रेम की कश्ती डूब गयी ।

पिता क्या है

संबंधों की परिभाषा में कागज कितने ही लिख लें
स्याही कूची से जितने ही चाहें भाव चित्र रच लें
लेकिन बात पिता की हो तो भाव अकेले पड़ जाते
शब्द नहीं पूरे पड़ते हैं कैसे कहें पिता क्या है ।

जैसे धरती अभय घूमती पा अम्बर का संरक्षण
वैसे ही आशीष पिता का देता हमको परिरक्षण
जिनके पिता नहीं उनके जीवन की कहो दिशा क्या है ?
शब्द नहीं पूरे पड़ते हैं कैसे कहें पिता क्या है।

जब हम पथ से डिग जाएं वह राह दिखाया करते हैं
दुख का कांटा अगर चुभे वह धैर्य दिलाया करते हैं
क्षमा-धैर्य की मूर्ति स्वयं , उनकी किसको चिंता क्या है ?
शब्द नहीं पूरे पड़ते हैं कैसे कहें पिता क्या है।

अक्सर चुप रहते पर सोचो उनका मौन प्रखर कितना
छोटी-सी पीड़ा हो हमको उनके माथ शिकन कितना ?
उनका मौन मुखर लेकिन भीतर रिसता कितना क्या है ?
शब्द नहीं पूरे पड़ते हैं कैसे कहें पिता क्या है।

माँ की ममता और निखरती संग पिता जब होते हैं
इन दोनों की दिव्य ज्योति में हम नित रौशन होते हैं
यही ज्योति हमको बतलाती माता और पिता क्या है ?
शब्द नहीं पूरे पड़ते हैं कैसे कहें पिता क्या है ।

पिता हमारे जीवन में भावना प्रवण आधार हैं
कठिन कठिनतम क्षण में भी ज्यों साथ खड़े दीवार हैं
उनके कठिन क्षणों का बोलो हमको भला पता क्या है ?
शब्द नहीं पूरे पड़ते हैं कैसे कहें पिता क्या है।।

परिवर्तन

जीवन है परिवर्तन
यहाँ बदलता हर दिन, हर क्षण
कभी जो सच था कभी वही भ्रम !
यहाँ कभी कुछ नहीं ठहरता
चलता रहता, ढलता रहता ।
वह वृक्ष बीज से जन्मा था
पतझड़ में फिर सूख गया
फिर से बसंत ऋतु है लाई
संग नए पत्ते और फूल ,
फिर सुहावना मौसम आया
लौट गयी मिट्टी और धूल।
कल अंत कहीं जब होता है ,
आज वहीं होगा आरम्भ
हार गया था कोई जो कल ,
आज जियेगा वो स्वर्णिम पल ।
रुक जाओ , भ्रमित न होना
अंत हमेशा अच्छा होता ,
यह बस एक कल्पना है !!
कल ग़र बहुत सुहाना था तो
अंत बड़ा वीराना होगा ।

कल ग़र तुम्हें मंजिलें मिलीं तो
आज कई उलझनें मिलेंगी
कल तुमने ग़र सुख भोगा है
आज कई तकलीफें होंगी

कल ग़र तुम थे सुखद छाँव में
आज धूप की तपन मिलेंगी
यह परिवर्तन अटल सत्य है
जीवन चक्र निरंतर है यहाँ कभी कुछ नहीं ठहरता
चलता रहता , ढलता रहता ।।

सड़क बनेगी

चल चल कर उस पथ पर गिरकर फिर उठते हैं
सधे कदम रख कर के आगे फिर बढ़ते हैं
दूर-दूर तक अबतक हमने जो देखा है
टूटा-फूटा वही पुराना मार्ग मिला है
आओ प्रिय ! आओ ,चलो आगे चलकर तो देखें
थोड़ा थोड़ा कैसे भी बढ़कर तो देखें
मत घबराओ , देखो हम सब ठीक करेंगे
दुश्मन को ललकार मार कर चलो चलेंगे
फिर धरती की एक नयी सूरत झलकेगी
करो परिश्रम तब तो पूरी सड़क बनेगी।।

चित्र या चरित्र

दिख रहा जो सामने
वो चित्र या चरित्र है ?

रूप का जो जाल है
जो दिख रहा कमाल है
चाँद सी चमक लिए ,
लुभा रहा जगत समस्त
आकर्षण सौंदर्य का ,
सूर्य सा दमक रहा

तो मेरा ये सवाल है -
वो दिख रहा जो सामने
वो चित्र या चरित्र है ??

मनुष्य की पहचान क्या ?
चित्र में जो रंग है
वो मंद होता जाएगा ,
चरित्र का प्रकाश
अमरत्व को पाएगा।

तो मेरा ये सवाल है -
वो सत्य जो है सामने
वो चित्र या चरित्र है ??